Méthode de français

Gwendoline Le Ray   **Jean-François Moulière**
Claire Quesney   **José Ségura**
Manuela Ferreira Pinto

Coordination pédagogique
Katia Coppola, Philippe Liria, Lourdes Muñiz

Illustrations
Marie-Laure Béchet

Editions Maison des Langues, Paris

TABLEAU DES

LIVRE DE L'ÉLÈVE	COMMUNICATION	LEXIQUE
Unité 1 Le départ	• Donner des ordres • Donner des conseils et des recommandations • Comprendre des consignes de sécurité	• Le lexique du voyage • Le lexique de la santé • Les moyens de transport
Unité 2 Au parc naturel	• Exprimer la cause et la conséquence • Parler de l'avenir • Dire ce que l'on doit faire	• Les métiers liés à l'environnement • L'écologie • La faune et la flore • *Bruyant, silencieux, tranquille, pollué*
Unité 3 Le Pique-nique !	• Demander quelque chose poliment • Parler du quotidien • Exprimer la quantité : un peu de…, beaucoup de…, pas de…	• Lexique de la nourriture • Lexique des activités et des sports : *skate, surf, BMX, roller et trottinette*
Unité 4 L'expo	• Raconter un événement passé : *un souvenir, une mésaventure* • Exprimer la supériorité	• Lexique de la faune marine • Lexique du corps humain

CAHIER D'ACTIVITÉS

Unité 1
Le départ

Unité 2
Au parc naturel

Unité 3
Le Pique-nique !

Unité 4
L'expo

Préparation au **DELF Prim A2**	• Compréhension de l'oral • Compréhension des écrits • Production écrite • Production orale
Bilan : grand projet final	• Faire des recherches • Faire un exposé oral • Sélectionner des informations • Comparer des présentations orales

GLOSSAIRE ILLUSTRÉ

CONTENUS

GRAMMAIRE	PHONÉTIQUE	INTERCULTUREL	JE FABRIQUE	PAGE
Le futur proche Les adverbes de durée : *avant, après* *Il faut* *Devoir* + infinitif La condition avec *si* Les structures interrogatives : *comment, où*	Les sons [ø] / [œ]	Les contes	Notre code du bon voyageur	8
Le futur simple La négation : *ne… rien, ne… personne, ne… plus* *Ni… ni* La cause et la conséquence : *alors, grâce à, à cause de* Les comparatifs (II) : *autant… que, aussi… que*	Le son [j]	La diversité	Nos gestes pour protéger la planète	18
Le conditionnel de politesse Le présent progressif : *être en train de…* La négation : *ne… plus, ne… jamais, ne… personne* Les adjectifs indéfinis : *aucun, quelques, plusieurs*	le son [wɛ̃]	Le pique-nique	Notre planning du week-end	28
Les pronoms C.O.D : *le, la, les, en* Les pronoms C.O.I : *me, te, lui, leur* Le passé récent Le passé composé des verbes pronominaux Les superlatifs : *le plus…, le moins…, le meilleur*	Les sons [ɑ̃] / [ɔ̃] / [ɛ̃]	Les émotions	Notre album-photo des meilleurs souvenirs de la classe	38
				49
				50
				60
				70
				80
				90
				98
				100

ZOOM
Livre de l'élève

Je comprends les consignes...

 J'écoute

 Je parle

 J'observe

 Je montre

 J'associe

 Je chante

 Je fabrique

 Je lis

 J'écris

...pour bien utiliser mon livre !

Je plonge dans un environnement sonore.

Je découvre la situation et j'écoute les dialogues.

Je zoome sur des situations extraites de cette image.

Je cherche Zoom dans l'illustration !

Je plonge dans un environnement visuel.

Je m'entraîne.

Je m'exprime.

J'apprends le vocabulaire.

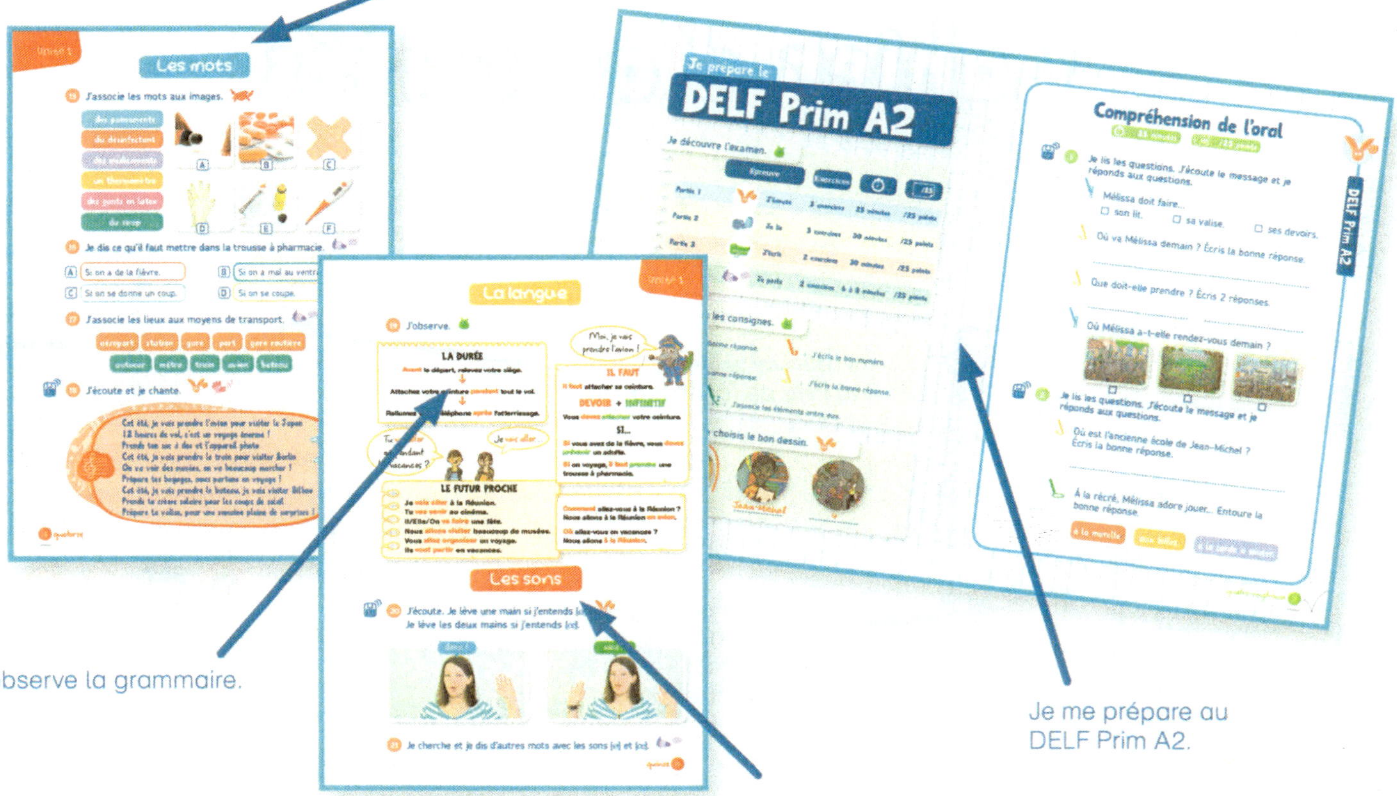

J'observe la grammaire.

Je découvre la phonétique.

Je me prépare au DELF Prim A2.

Je découvre les cultures du monde entier.

Avec mes camarades, je fabrique et je joue.

Je réalise un grand projet final.

zoom
Cahier d'activités

Je retravaille les contenus du livre de façon ludique.

J'évalue mes progrès avec des activités spécifiques et une grille d'auto-évaluation.

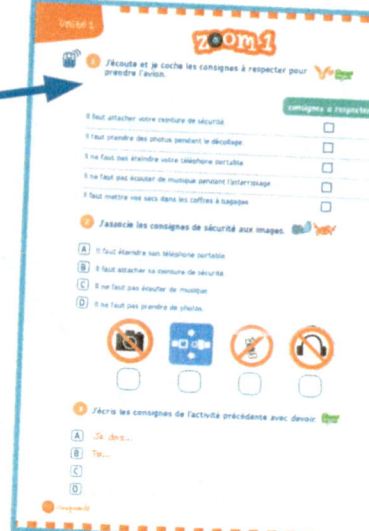

Je découvre les cultures du monde entier.

Je me familiarise avec le vocabulaire grâce au glossaire illustré.

MON LIVRE

Je m'appelle ....

J'ai .... ans.

Je colle ma photo.

Unité 1

 1 Je regarde et j'écoute.

 2 J'écoute et je réponds aux questions.

Comment la classe de Mélissa va aller à la Réunion ?

en bateau   en train   en avion   en voiture

Où se trouvent les enfants ?

dans l'avion   dans la salle d'embarquement   dans le hall de l'aéroport

 3 J'écoute et je montre la bonne image.

Dans l'avion, il faut…

A   B   C

 4 J'écoute et je répète.

Unité 1

5 Je lis le texte et j'associe les consignes aux images.

CONSIGNES DE SÉCURITÉ À BORD DE L'AVION

- Vous devez attacher votre ceinture de sécurité pendant tout le vol.
- Vous devez éteindre votre téléphone portable avant le décollage.
- Vous ne devez pas écouter de musique pendant le décollage et pendant l'atterrissage.
- Vous ne devez pas prendre des photos pendant le décollage et pendant l'atterrissage.
- Vous devez aller chercher vos bagages après l'atterrissage.

 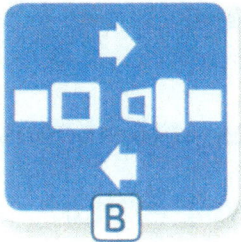   

A   B   C   D   E

6 J'utilise les étiquettes pour donner des ordres.

Il faut... **Vous devez...**

- Avoir une bouteille d'eau dans sa valise.
- Attacher vos ceintures.
- Être à l'heure pour l'embarquement.
- Éteindre son téléphone portable.

7 Je demande à un camarade quel moyen de transport il va utiliser.

- Pour aller au Québec.
- Pour aller sur une île.
- Pour aller dans la capitale de mon pays.
- Pour se déplacer dans une grande ville.

Moi, je vais aller au Québec en avion.

onze 11

Unité 1

 8 Je regarde et j'écoute.

 9 J'écoute et je corrige les phrases.

- **A** C'est Monsieur Duval qui soigne les petits bobos.
- **B** Si un élève a mal au ventre, il va voir Arthur.
- **C** Dans la trousse à pharmacie, il y a des ciseaux et des médicaments.
- **D** C'est Mélissa qui est responsable de la trousse à pharmacie.
- **E** Si quelqu'un se fait mal, il ne doit rien dire.

 10 J'écoute et je fais des phrases avec *si*.

> Vouloir se protéger → prendre une lotion anti-moustiques.

> Piqûre de moustique → prévenir un adulte.

> Ne pas vouloir avoir de la fièvre → prévenir un adulte.

> Ne pas vouloir être malade → mettre de la lotion.

 11 J'écoute et je répète.

Unité 1

12 Je lis le texte et je réponds aux questions.

AVIS CONTRE LA DENGUE

Si vous partez en vacances dans certaines régions de la France d'outre-mer, comme la Guadeloupe, la Polynésie française, la Réunion, etc., vous devez faire attention aux moustiques : ils peuvent transmettre la dengue.

La dengue est une infection transmise par une piqûre de moustique. Les symptômes sont de la fièvre, des maux de tête, des douleurs dans tout le corps et une grande fatigue. Si vous avez ces symptômes, il faut consulter votre médecin.

Pour éviter cette infection, vous devez appliquer sur votre corps et sur vos vêtements des lotions anti-moustiques, le matin, avant de sortir et le soir, avant de vous coucher, pendant toute la durée de vos vacances.

A Le texte parle d'une infection. Comment elle s'appelle ?

B Dans quelles régions françaises trouve-t-on cette infection ?

C Quel animal transmet cette infection ?

D Comment éviter cette infection ?

E À quels moments de la journée vous devez appliquer la lotion ?

 13 J'écoute et je dis les symptômes de la fièvre.

- Avoir chaud.
- Avoir froid.
- Avoir le front brûlant.
- Avoir de la température.

14 Je donne des conseils à un camarade.

- avoir froid
- avoir chaud
- avoir de la fièvre
- avoir mal au ventre

 J'ai mal...

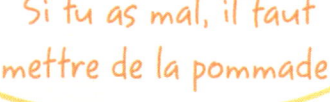 Si tu as mal, il faut mettre de la pommade.

treize 13

Unité 1

Les mots

15 J'associe les mots aux images.

- des pansements
- du désinfectant
- des médicaments
- un thermomètre
- des gants en latex
- du sirop

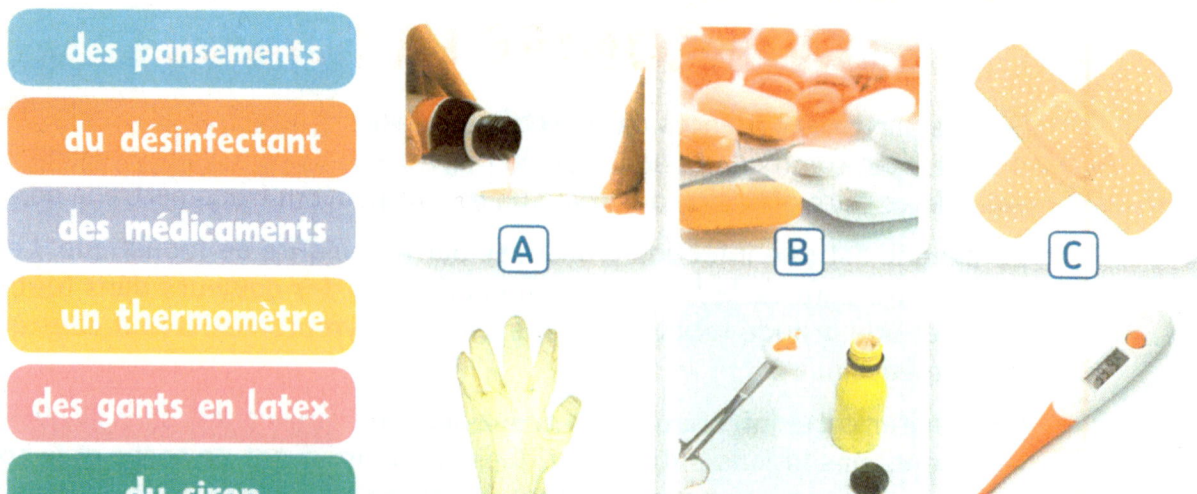

A B C D E F

16 Je dis ce qu'il faut mettre dans la trousse à pharmacie.

A | Si on a de la fièvre.
B | Si on a mal au ventre.
C | Si on se donne un coup.
D | Si on se coupe.

17 J'associe les lieux aux moyens de transport.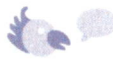

aéroport   station   gare   port   gare routière

autocar   métro   train   avion   bateau

 18 J'écoute et je chante.

Cet été, je vais prendre l'avion pour visiter le Japon
12 heures de vol, c'est un voyage énorme !
Prends ton sac à dos et l'appareil photo
Cet été, je vais prendre le train pour visiter Berlin
On va voir des musées, on va beaucoup marcher !
Prépare tes bagages, nous partons en voyage !
Cet été, je vais prendre le bateau, je vais visiter Bilbao
Prends ta crème solaire pour les coups de soleil
Prépare ta valise, pour une semaine pleine de surprises !

La langue

Unité 1

19 J'observe.

LA DURÉE

Avant le départ, relevez votre siège.
↓
Attachez votre ceinture **pendant** tout le vol.
↓
Rallumez votre téléphone **après** l'atterrissage.

Moi, je vais prendre l'avion !

IL FAUT

Il faut attacher sa ceinture.

DEVOIR + INFINITIF

Vous **devez attacher** votre ceinture.

SI...

Si vous avez de la fièvre, vous **devez prévenir** un adulte.

Si on voyage, **il faut prendre** une trousse à pharmacie.

 Tu vas aller où pendant les vacances ?

 Je vais aller…

LE FUTUR PROCHE

Je **vais aller** à la Réunion.
Tu **vas venir** au cinéma.
Il/Elle/On **va faire** une fête.
Nous **allons visiter** beaucoup de musées.
Vous **allez organiser** un voyage.
Ils **vont partir** en vacances.

Comment allez-vous à la Réunion ?
Nous allons à la Réunion **en avion**.

Où allez-vous en vacances ?
Nous allons **à la Réunion**.

Les sons

20 J'écoute. Je lève une main si j'entends [ø]. Je lève les deux mains si j'entends [œ].

deux !

seul !

21 Je cherche et je dis d'autres mots avec les sons [ø] et [œ].

quinze 15

Je fabrique

Notre code du bon voyageur

Matériel :
- des feuilles de couleur
- des feutres
- de la colle
- des ciseaux

Vous êtes prêts à partir en voyage ?

1. Nous trouvons ensemble cinq règles d'or qu'un voyageur doit respecter.

2. Nous rédigeons notre code du bon voyageur.

3. Nous illustrons nos cinq règles d'or.

4. Nous présentons notre code au reste de la classe.

Je découvre

Les cartes pour découvrir le monde

1 J'observe.

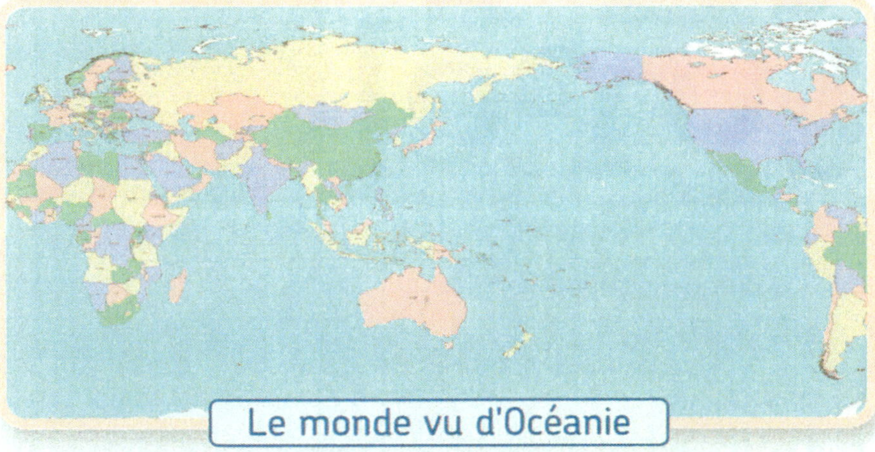

Le monde vu d'Océanie

Le monde vu d'Europe

Le monde vu d'Amérique

2 Je montre la France sur les cartes et je montre mon pays sur les cartes.

3 J'explique la différence entre les trois cartes.

Unité 2

zoom 1

1 Je regarde et j'écoute.

2 J'écoute et je montre la bonne image.

Les enfants visiteront...

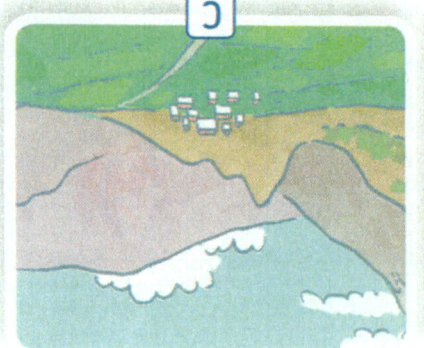
A

B

C

3 J'écoute et je choisis la bonne réponse.

Qui est Alain ?

| le guide de montagne | le volcanologue | le maître |

Le volcanologue dit....

| Il n'y a plus d'activité. | Vous ne risquez rien. | Nous ne montons jamais seuls. |

4 J'écoute et je répète.

20 vingt

 5 J'écoute et je dis quelle est la bonne image.

A B C

6 J'associe les étiquettes à la bonne phrase.

- Il n'est plus en activité.
- Il ne faut jamais marcher dessus.
- Il ne faut rien jeter par terre.
- On ne doit jamais quitter le guide.

- le groupe
- les déchets
- les plantes
- le volcan

7 Je demande à un camarade ce qu'il fera.

- cet après-midi
- demain matin
- la semaine prochaine
- cet été

8 Je dis à un camarade deux choses que je n'aime pas.

Je n'aime ni les carottes ni le poisson !

Moi, je n'aime ni les maths ni la géographie !

Unité 2

 9 Je regarde et j'écoute.

 10 J'écoute et je choisis la bonne réponse.

Alice est → biologiste / fleuriste

au Parc → national / régional de la Réunion.

L'île est → moins / aussi

polluée et → plus / moins bruyante que Paris.

 11 J'écoute et j'associe les éléments pour former des phrases.

On tousse plus…	…à cause de l'imprudence des promeneurs.
On protège l'environnement…	…à cause de la destruction de la nature.
Les animaux disparaissent…	…grâce aux panneaux d'information.
Il y a des incendies en forêt…	…à cause de la pollution.
On connaît mieux la faune et la flore…	…grâce au recyclage.
On se déplace mieux en montagne…	…grâce à la biologie.

Unité 2

12 Je lis l'affiche et je réponds aux questions.

À NOUS DE CHOISIR AUJOURD'HUI...

- Si tu éteins la lumière en sortant d'une pièce, alors tu économiseras de l'électricité !
- Si tu prends une douche et pas un bain, alors tu économiseras de l'eau !
- Si tu écris sur les deux côtés d'une feuille, alors tu économiseras du papier !
- Si tu fermes le robinet quand tu te brosses les dents, alors tu économiseras de l'eau !
- Si tu recycles tes déchets dans les bonnes poubelles, alors tu respecteras la nature !

A Qu'est-ce que tu feras pour économiser de l'eau ?

B Quand tu éteins la lumière, qu'est-ce que tu économises ?

C Qu'est-ce qu'on doit faire avec les déchets ?

D Que feras-tu avec les feuilles de papier ?

13 J'écoute et je montre la bonne image.

A

B

C

14 Je fais des comparaisons avec mes camarades.

plus... que

moins... que

autant... que

aussi... que

Olga est plus petite que Pierre.

vingt-trois 23

Unité 2

Les mots

15 Je lis et j'associe les personnages aux descriptions de leurs métiers.

Yannick, le guide

Alice, la biologiste

Alain, le volcanologue

> Il étudie les éruptions volcaniques. Avec sa combinaison et son seau, il monte sur le volcan pour prélever de la lave.

> Il connaît la forêt aussi bien que la montagne alors il peut accompagner les groupes. Grâce à lui, les visiteurs ne sont pas perdus.

> Elle s'occupe de la faune et la flore. Grâce à elle, les animaux et les plantes du parc sont protégés.

16 Je regarde et j'associe.

- respectueux
- pollué
- bruyant
- calme

17 J'associe chaque espèce de la Réunion à l'étiquette correspondante.

| LA FAUNE | LA FLORE |

UN ARBRE le filaos | **UN HÉRISSON** le tangue | **UNE FOUGÈRE** le fanjan | **UN INSECTE** le papillon | **UN OISEAU** le papangue

La langue

Unité 2

18 J'observe.

« Qu'est-ce que tu feras demain ? »

Mais attention !
Avoir : j'aurai
Être : je serai
Faire : je ferai
Aller : j'irai

« Je m'occupe autant de la faune que de la flore. »

LE FUTUR

Je monterai au sommet du volcan.
Tu partiras en voyage.
Il/Elle/On observera la nature.
Nous finirons les premiers !
Vous partirez tout de suite.
Ils/Elles accompagneront le groupe.

Il y a des incendies **à cause de** l'imprudence des promeneurs.

On connaît mieux la faune et la flore **grâce à** la biologie.

LA COMPARAISON

La forêt n'est pas **aussi** polluée **que** la ville.
La Réunion est **moins** bruyante **que** Paris.
La Réunion est **plus** calme **que** Paris.

LA NÉGATION

Il **n'**y a **plus** d'activité sur le volcan.
Vous **ne** risquez **rien**.
Nous **ne** montons **jamais** avec des groupes.
Je n'aime **ni** la marche **ni** la chaleur !

Les sons

19 J'écoute et je lève la main quand j'entends [j].

20 Je lis et je dis la poésie.

À l'arrivée du soleil,
la nature se réveille.
La gentille Camille,
se lève et s'habille,
puis la petite fille,
salue sa famille.

Elle entend une abeille,
volant près de son oreille.
Elle prend son crayon
et, sur une grande feuille,
elle dessine une chenille,
qui devient un papillon.

Je fabrique

Nos gestes pour protéger la planète

Matériel :
- des ballons
- du papier
- des feutres
- des ciseaux
- de la ficelle

Et vous, qu'est-ce que vous ferez pour sauver la planète ?

1. Nous réfléchissons aux moyens de protéger notre planète.

2. Nous écrivons sur une feuille de papier nos idées.

3. Nous gonflons les ballons et nous collons nos phrases dessus.

4. Nous accrochons nos ballons avec de la ficelle.

5. Nous présentons nos ballons aux autres élèves et nous échangeons nos messages.

Je découvre

La diversité et la protection de l'environnement

21 J'observe.

Polynésie française

Antarctique

Amazonie

Sahara

22 Je situe ces images sur une carte.

23 Je décris les images, j'explique les ressemblances et les différences.

24 Je dis quels sont les dangers.

A

B

C

vingt-sept 27

Unité 3

 1 Je regarde et j'écoute.

 2 J'écoute et je choisis la bonne réponse.

A La famille de Chloé fait un pique-nique.
- une fois par semaine.
- une fois par mois.
- une fois par an.

B Les garçons sont en train de
- manger.
- rentrer.

C Chloé a très
- soif.
- faim.

 3 J'écoute et je montre les bonnes images.

 A  B  C

4 Je lis les phrases et je cherche dans l'illustration.

- Il est en train de prendre l'eau.
- Ils sont en train d'arriver.
- Elle est en train de mettre la table.
- Elle est en train de ranger son livre.

30 trente

Unité 3

5 Je lis les ingrédients du gâteau.

Le gâteau à la patate douce est un dessert traditionnel de La Réunion. Il est très facile à préparer. Il faut 1 kilo de patates douces, 125 grammes de beurre, 100 grammes de farine, 12 centilitres de lait, 4 œufs, 2 ou 3 cuillères à soupe de sucre, de la vanille liquide et de la cannelle en poudre. On le mange souvent pendant les goûters d'anniversaire ou en pique-nique.

6 J'associe les étiquettes.

Pour préparer le gâteau à la patate douce, il faut…

 7 J'écoute et je montre la bonne image.

Unité 3

 8 Je regarde et j'écoute.

 9 J'écoute et je coche la bonne réponse.

	Vrai	Faux
Ce matin, Melvin a fait du skate.	☐	☐
Mélissa et Sabrina veulent faire du roller l'après-midi.	☐	☐
Aujourd'hui, Melvin voudrait faire du surf.	☐	☐
Sabrina ne va jamais au skatepark.	☐	☐

 10 J'écoute et je répète.

11 J'écris les phrases à la forme négative.

A [ne] [personne] → Je connais un garçon qui fait du surf.

B [ne] [jamais] → Tu vas souvent à la plage.

C [ne] [aucun] → Nous connaissons beaucoup de plats typiques de La Réunion.

D [ne] [personne] → Je connais une fille qui saute plus haut que Jean-Michel en BMX !

E [ne] [jamais] → Je mange à la cantine tous les jours.

Unité 3

12 Je lis le courriel de Nolan et je réponds aux questions.

De : Nolan
À : Kenji
Objet : BMX

Cher Kenji,
Comment vas-tu ?
Je suis en train d'apprendre le BMX. Je vais tous les soirs au skatepark avec mon frère parce qu'il faut s'entraîner tous les jours pour progresser. Je ne me fatigue jamais.
Melvin fait souvent du BMX maintenant. Il ne prend plus mon skate. C'est bien, comme ça, on n'a jamais de problème. Sabrina fait parfois de la trottinette, elle n'a aucune envie de faire du BMX ou du skate. Hier matin, elle est venue avec nous. C'était super !
Demain après-midi, je voudrais aller au skatepark de Saint-Denis. Le problème, c'est que nous ne connaissons personne. J'aimerais le connaître et je sais que tu vas souvent t'entraîner à ce skatepark. Est-ce que tu pourrais nous accompagner ?
Je t'embrasse,
Nolan

A Quelles activités pratiquent Nolan, Melvin et Sabrina ?
B Que veut réussir à faire Nolan ?
C Que fait Nolan pour devenir un grand champion ?
D Pourquoi il voudrait que Kenji les accompagne ?

13 J'écoute et je dis si c'est vrai ou faux.

A Demain, elle va aller faire de la trottinette.
B Louna fait rarement du skate le soir.

14 Je dis quelles sont mes activités préférées et à quelle fréquence je les pratique.

Unité 3

Les mots

15 J'observe.

"Hier, j'ai passé une bonne nuit."

16 J'écoute et je montre la bonne image.

 A

 B

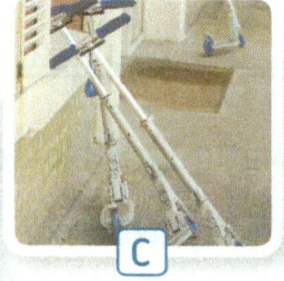 C

 D

 E

17 J'utilise les étiquettes pour parler de mes activités préférées.

Parfois | Souvent | Tous les jours | Jamais | Rarement

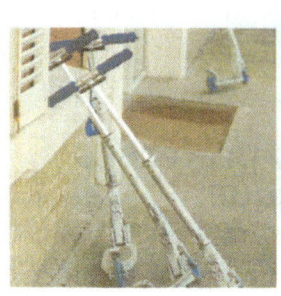

La langue

Unité 3

18 J'observe.

> J'aimerais être un champion de skate !

LE CONDITIONNEL

J'aimer**ais** goûter ce gâteau.
Tu pourr**ais** m'accompagner demain ?
Il/Elle voudr**ait** bien de l'aide.

LA NÉGATION

Il **ne** mange **jamais** de gâteau.
Je **ne** connais **personne**.
Il **n'**y a **aucun** problème.
Il **ne** veut **pas** de chocolat.

LES PARTITIFS

DU gâteau	DE l'eau
DE LA cannelle	DES saucisses

Un peu de farine	Pas de farine
≠ beaucoup	= 0

> Je voudrais du dessert.

> Tu veux une part de gâteau ?

Les sons

19 J'écoute et je lève la main si j'entends le son [wɛ̃].

lapin soin coin coussin soudain poulain loin train point pain vingt

20 J'écoute et je chante.

Sur mon vélo, je suis un vrai pro !
Sur mon BMX, je ne prends aucun risque !
Sur mon skate, m'man n'est jamais inquiète !

Tous les jours, je prends mes protections,
je fais très attention.
Hier, aujourd'hui et demain,
n'oublie pas, c'est pour ton bien.
Entraîne-toi avec tes copains, vas-y tous les matins.

Sur mon vélo, je suis un vrai pro !
Sur mon BMX, je ne prends aucun risque !
Sur mon skate, m'man n'est jamais inquiète !

Je fabrique

Un programme de visite.

Matériel :
- ordinateur
- feuilles
- imprimante
- photos numériques de ma ville
- classeur

Au programme aujourd'hui : visite du zoo !

1 Je choisis des activités intéressantes dans ma ville.

2 Je cherche des photos.

3 J'écris des courts textes.

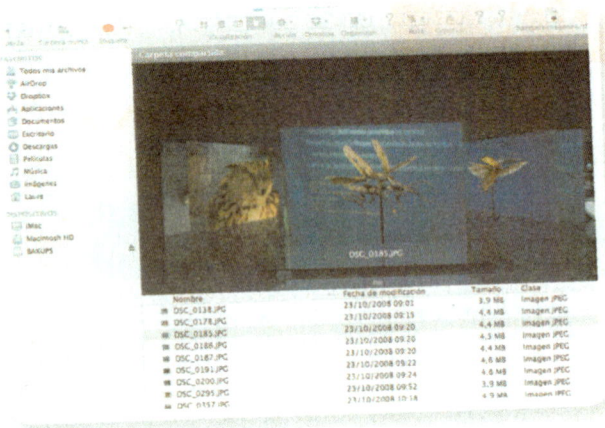
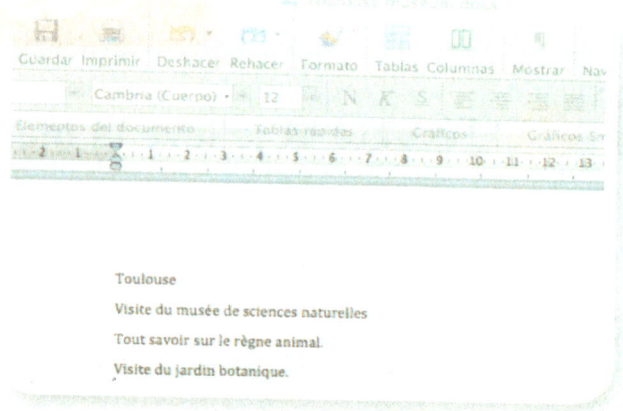

4 Je compose.

5 Je décore et j'imprime.

Je découvre

Le pique-nique

21 J'observe les photos et je décris les images.

22 J'associe les étiquettes aux images.

à la montagne   en Bretagne   à Bruxelles

au Kenya   dans un parc

à la plage   en Afrique

Unité 4

zoom 1

 1 Je regarde et j'écoute.

 2 J'écoute et je réponds aux questions.

A Que vont présenter les enfants à leurs parents ?

B Qui Juliette vient-elle de voir ?

C Dans l'eau, qu'est-ce que Victor a beaucoup vu ?

 3 J'écoute et je montre.

Victor a nagé avec...

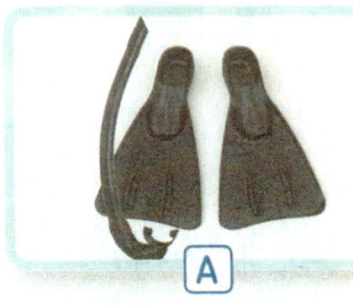  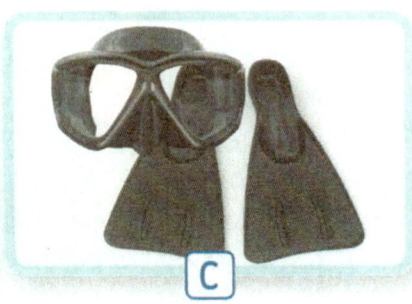

A B C

Victor pouvait presque toucher...

 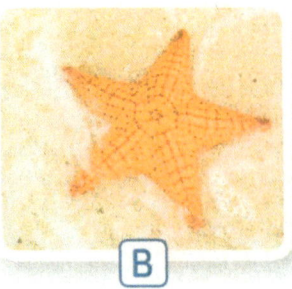  

A B C D

 4 J'écoute et je répète.

Unité 4

5 Je lis l'extrait de l'affiche.

On a passé une journée au bord de la mer. Avec Stéphane, le plus sympa de nos moniteurs, on a fait de la plongée sous-marine. Il nous a donné un masque et un tuba, et on l'a suivi au milieu du corail. L'eau était chaude ! Il y avait plein de poissons de toutes les couleurs.
C'était magnifique ! Le plus beau des spectacles !
On a vu une tortue. Elle nageait lentement. Daniel a pu la caresser et jouer avec elle. Victor a voulu le photographier avec la tortue, mais elle est partie.
Pour Daniel, ça a été le meilleur moment de ce voyage.

6 Je retrouve la phrase du texte qui veut dire la même chose.

A On a suivi Stéphane au milieu du corail.

B Daniel a pu caresser la tortue et jouer avec elle.

C Victor a voulu photographier Daniel avec la tortue.

7 J'associe.

| le plus grand | le moins grand | le moins méchant | le plus méchant |
| A | B | C | D |

1   2   3   4

8 Je mène une enquête auprès de mes camarades.

Prénom	Souvenir le plus drôle	Souvenir le plus beau
Daniel	La course en sac à la kermesse de l'école.	Sa rencontre avec une tortue marine.

quarante et un 41

Unité 4

 9 Je regarde et j'écoute.

 10 J'écoute et je remets les images en ordre.

 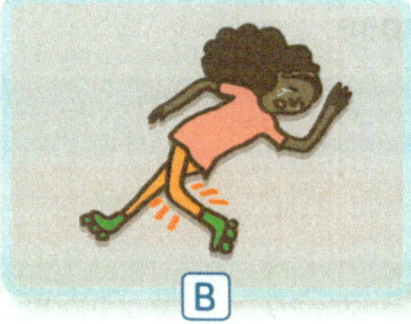 

A   B   C

 11 J'écoute, je lis les questions et je montre la bonne image.

À qui Mélissa a-t-elle dit qu'elle avait très mal à la jambe ?

A   B

À qui Mélissa a-t-elle demandé de décorer son plâtre ?

A   B

12 Je réponds aux questions.

Qu'est-ce que Mélissa vient de changer ?

Qu'est-ce que les copines de Mélissa viennent de faire ?

42 quarante-deux

Unité 4

13 Je lis l'extrait de l'affiche.

Au début, on a passé une super journée au parc. On a pique-niqué et puis on a fait du roller, du skate et même du BMX. Mais Mélissa a fait du roller avec Sabrina et elle est tombée. Elle s'est cassé la jambe et s'est blessée à la tête et au coude. La pauvre ! Pour pratiquer ces sports, il faut se protéger la tête avec un casque, les poignets, les coudes et les genoux avec des protections parce qu'on tombe souvent. Les derniers jours du voyage, Jean-Michel lui a prêté son appareil photo. Comme ça, le lendemain, à la plage, elle a fait plein de photos. Sur son plâtre, on lui a tous écrit des petits mots gentils. On s'est bien amusés !

14 J'associe.

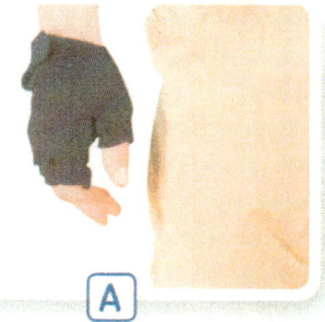
A

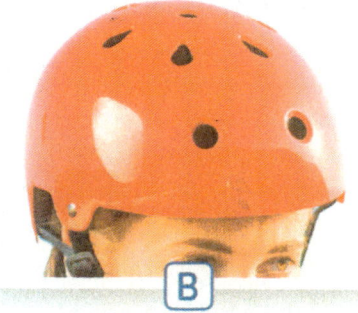
B

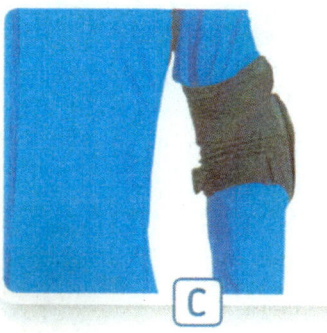
C

le coude
1

le poignet
2

la tête
3

15 Je transforme la phrase en commençant par « je ».

Elle a fait du roller avec Sabrina et elle est tombée.
Elle s'est cassé la jambe et s'est blessée à la tête et au genou.

16 Je choisis une image et je raconte ce qui s'est passé.

A

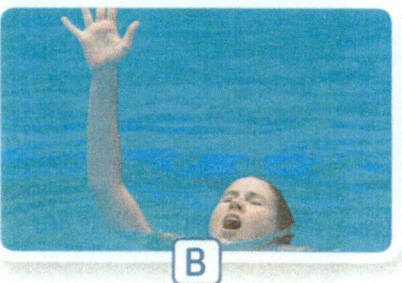
B

C

quarante-trois 43

Unité 4

Les mots

17 J'associe.

| A du corail | B une tortue marine | C un hippocampe | D un crabe |

 1
 2
 3
 4

18 J'associe et je fabrique un pantin.

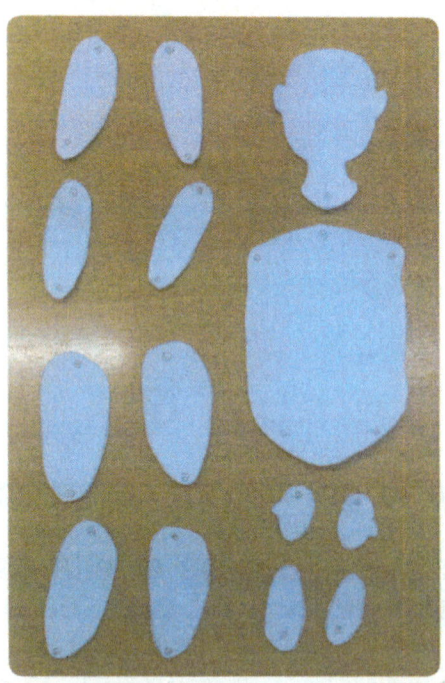

- la cheville
- le poignet
- la hanche
- le coude

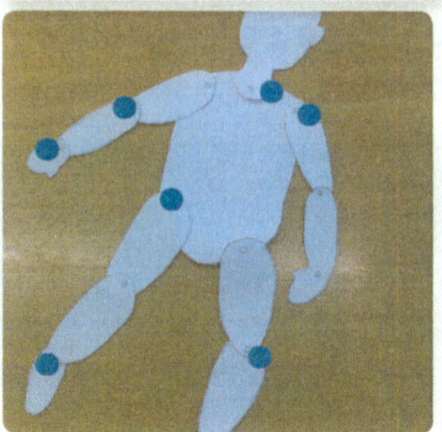

- le cou
- l'épaule
- le genou

44 quarante-quatre

Unité 4

La langue

19 J'observe.

> C'est le passé récent !

> Je me suis cassé la jambe.

> Elles viennent de les faire !

Se casser quelque chose

Je **me suis cassé** le bras.
Tu **t'es cassé** le pied.
Il **s'est cassé** le poignet.
Elle **s'est cassé** le doigt.

Je **viens de voir** Mélissa.
Tu **viens de voir** Mélissa.
Il **vient de voir** Mélissa.
Elle **vient de voir** Mélissa.

> J'en ai vu de toutes les couleurs ! On pouvait presque les toucher !

J'ai vu quoi ?
Des poissons de toutes les couleurs.
J'**en** ai vu de toutes les couleurs.
On pouvait presque toucher quoi ?
Les poissons.
On pouvait presque **les** toucher.

> J'ai voulu lui montrer comment faire !

J'ai voulu montrer à qui ? À Sabrina.
J'ai voulu **lui** montrer.
J'ai demandé à qui ? À mes camarades.
Je **leur** ai demandé de le décorer.

> Pour le meilleur et pour le pire !

Le plus beau
Le plus fort
Le moins méchant
Le ~~plus bon~~ meilleur

Les sons

20 J'écoute et je lève la main si j'entends le son [ɔ̃].

21 J'écoute et je cherche des réponses avec des mots en [ɔ̃].

22 J'invente des devinettes avec des réponses contenant les sons [ɑ̃] ou [ɛ̃] et j'interroge un camarade.

quarante-cinq 45

Je fabrique

Un album photo numérique

Matériel :
- photos numériques
- ordinateur
- logiciel de création d'album-photo
- papiers
- imprimante

Garde tes meilleurs souvenirs !

① Je choisis mes meilleures photos.

② Je mets en ordre.

③ J'écris des textes courts.

④ Je décore.

⑤ J'imprime.

46 quarante-six

Je découvre

Les émotions

23 J'observe et j'associe.

J'exprime mes goûts.

	En France	Ailleurs	
beau	Laid comme un pou	Laid comme le diable au Canada Laid comme un péché (feo como un pecado) en Espagne	😎
laid	Beau comme un camion	Beau comme un tableau (pretty as a picture) aux Etats-Unis Être comme un train (estar como un tren) en Espagne	😊

J'exprime mes sentiments.

	En France	Ailleurs	
Content	Avoir le bourdon	Avoir de la peine dans le cœur (to be heart-sore) en Angleterre Avoir le cœur noir en Roumanie	😃
Triste	Etre heureux comme un poisson dans l'eau	Heureux comme un coquillage (as happy as a clam) en Angleterre Tudo azul (tout bleu) au Brésil	😔

24 Dans ma langue, je dis...

zoom
pas à pas 5
Cahier d'activités

Unité 1

1 J'écoute et je coche les consignes à respecter pour prendre l'avion.

	consignes à respecter
Il faut attacher votre ceinture de sécurité.	☐
Il faut prendre des photos pendant le décollage.	☐
Il ne faut pas éteindre votre téléphone portable.	☐
Il ne faut pas écouter de musique pendant l'atterrissage.	☐
Il faut mettre vos sacs dans les coffres à bagages.	☐

2 J'associe les consignes de sécurité aux images.

A Il faut éteindre son téléphone portable.
B Il faut attacher sa ceinture de sécurité.
C Il ne faut pas écouter de musique.
D Il ne faut pas prendre de photos.

3 J'écris les consignes de l'activité précédente avec *devoir*.

A Je dois… ....
B Tu… ....
C ....
D ....

Unité 1

4 J'écris un ordre avec les mots proposés.

A | devoir | passeport | avoir

Pour prendre l'avion, tu dois avoir ton passeport.

B | il faut | bagages | préparer

....

C | ranger | devoir | appareil photo

....

D | attacher | il faut | ceinture

....

5 Je retrouve les mots et je complète les phrases.

| TAVNA | DPNNTAE | SAÈRP |

....

A J'attache ma ceinture de sécurité .... le décollage.

B Je n'écoute pas de musique .... l'atterrissage.

C Je vais chercher mes bagages .... l'atterrissage.

6 Je complète les phrases.

Comment   **Où**

A .... allez-vous au Canada ? Nous allons au Canada en avion.

B .... pars-tu en vacances ? Je pars au Mexique.

C .... habite Louis ? Il habite à Paris.

D .... va-t-elle à l'école ? Elle va à l'école à vélo.

cinquante et un 51

Unité 1

7 J'entoure les verbes au futur proche.

A) Je (vais prendre) l'avion.
B) Nous allons en vacances à La Réunion.
C) Tu vas préparer tes bagages.
D) Ils vont partir en vacances.
E) Elle va à Paris en train.
F) Vous allez visiter un parc naturel.

Je vais partir en voyage !

8 Je conjugue les verbes au futur proche.

A) Lucie *va aller* (aller) deux semaines au Canada.
B) Vous .... (partir) en vacances au Cameroun.
C) Cet été, je .... (prendre) l'avion pour la première fois.
D) Avec notre classe, nous .... (organiser) une kermesse à l'école.
E) On .... (rencontrer) les amis de Jean-Michel.
F) Ils .... (préparer) une pièce de théâtre pour notre arrivée.

9 J'écoute et je classe les mots dans le tableau.

	[œ]	[ø]		[œ]	[ø]
mot 1	X	☐	mot 6	☐	☐
mot 2	☐	☐	mot 7	☐	☐
mot 3	☐	☐	mot 8	☐	☐
mot 4	☐	☐	mot 9	☐	☐
mot 5	☐	☐	mot 10	☐	☐

Unité 1

 10 J'écoute et je corrige les phrases.

A Mathieu va à Paris passer ses vacances.

....

B Mathieu ne va pas dormir dans l'avion.

....

C Il ne faut pas prendre de lotion anti-moustiques pour partir à Biarritz.

....

D Il faut de la crème solaire pour aller à la plage.

....

11 Je lis le texte et je souligne les recommandations.

AVIS CONTRE LA DENGUE

Si vous partez en vacances dans certaines régions de la France d'outre-mer, comme la Guadeloupe, la Polynésie française, la Réunion, etc., <u>vous devez faire attention aux moustiques</u> : ils peuvent transmettre la dengue.

La dengue est une infection transmise par une piqûre de moustique. Les symptômes sont : de la fièvre, des maux de tête, des douleurs dans tout le corps et une grande fatigue. Si vous avez ces symptômes, il faut consulter votre médecin.

Pour éviter cette infection, vous devez appliquer sur votre corps et sur vos vêtements des lotions anti-moustiques, le matin avant de sortir et le soir avant de vous coucher, pendant toute la durée de vos vacances.

cinquante-trois **53**

Unité 1

12 Je transforme ces phrases en recommandations.

A Tu désinfectes ta blessure. → Tu dois désinfecter ta blessure.

B Vous attachez votre ceinture. → ....

C Ils prennent une trousse à pharmacie. → ....

D J'éteins mon ordinateur. → ....

E Nous mettons de la crème solaire → ....

F Elle se protège avec de la lotion anti-moustiques. → ....

13 Je complète les phrases.

| avant | pendant | après |

A .... d'aller à la plage, il faut mettre de la crème solaire.

B .... le vol, on peut écouter de la musique et prendre des photos.

C Si tu as de la fièvre .... une piqûre de moustique, il faut consulter ton médecin.

D .... mon voyage à La Réunion, j'ai pris beaucoup de photos.

14 J'associe les éléments pour faire une phrase.

Si je me blesse...   •   •   ...je dois prendre du sirop contre la toux.

Si j'ai de la fièvre...   •   •   ...je dois prendre une trousse à pharmacie.

Si j'ai mal à la gorge...   •   •   ...je dois demander un médicament à un adulte.

Si j'ai mal au ventre...   •   •   ...je dois utiliser du désinfectant et un pansement.

Si je voyage...   •   •   ...je dois prendre ma température.

Unité 1

15 Je complète les phrases à l'aide des images.

A   B   C   D

[D] Si tu as de la fièvre, → *tu dois appeler le médecin.*

[ ] Si vous allez à la plage, → ....

[ ] Si elle se blesse, → ....

[ ] S'ils prennent l'avion, → ....

16 J'écoute et je colorie le son [ø].

feu   cœur   pneu   bœuf
deux   alors   œuf   neuf
horloge   jeu   déjeuner

17 J'écoute et j'entoure les mots avec le son [œ].

heure   bœuf   veulent

mieux   œil   peut

beurre

cœur   monsieur   jeux

Unité 1

Les mots

18 J'écris les mots qui correspondent aux photos.

Nouveau message

Supprimer | Répondre | Rép. à tous | Réexpédier | Imprimer

Avant de partir en voyage, j'ai préparé ma ....

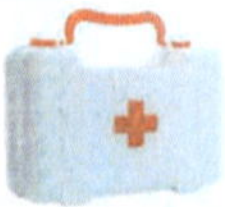

Si j'ai mal à la gorge, j'ai du .... Si je me blesse,

j'ai du .... et des ....

J'ai aussi un .... pour prendre ma température.

Si j'ai mal au ventre, j'ai quelques ....

En route pour les vacances !

19 Je barre l'intrus.

A | une salle d'embarquement | un passeport | une gare routière | un hall d'aéroport

B | une gare | un bateau | des passagers | un billet de train

C | un bus | des bagages | un avion | une gare routière

Unité 1

20 J'associe les mots aux photos.

- un aéroport
- une station de métro
- une gare
- un arrêt d'autobus
- un parc de stationnement
- un port

....

....

21 Je réponds aux devinettes.

SOPERTASP   RIANT   PORIS

A) Je suis un moyen de transport. Je roule sur des rails et je vais très vite.

C'est un → __ __ __ __ __.

B) Je suis un médicament. On me prend quand on a mal à la gorge.

C'est un → __ __ __ __ __.

C) Je suis un objet. Il faut me présenter à la douane avant de pouvoir monter dans l'avion. C'est un → __ __ __ __ __ __ __ __ __.

Unité 1

Mes progrès en français

22 Je fais une enquête auprès de mes camarades.

- A Où pars-tu en vacances ?
- B Comment vas-tu en vacances ?
- C Que fais-tu avant de partir en vacances ?
- D Que fais-tu pendant tes vacances ?
- E Que fais-tu après tes vacances ?

23 Je complète le tableau.

	Pas du tout	Un peu	Beaucoup
Je peux donner des ordres.	☐	☐	☐
Je peux donner des conseils.	☐	☐	☐
Je sais donner des recommandations.	☐	☐	☐
Je comprends les consignes de sécurité.	☐	☐	☐
Je connais le vocabulaire de la santé.	☐	☐	☐
Je connais le vocabulaire du voyage.	☐	☐	☐

24 Je fais des recommandations à un ami qui va prendre l'avion pour la première fois.

De :
À :
Objet :

Je découvre

Les cartes pour découvrir le monde

25 J'observe et je compare les pays.

A — NOUVELLE-ZÉLANDE

B — FRANCE

C — KENYA

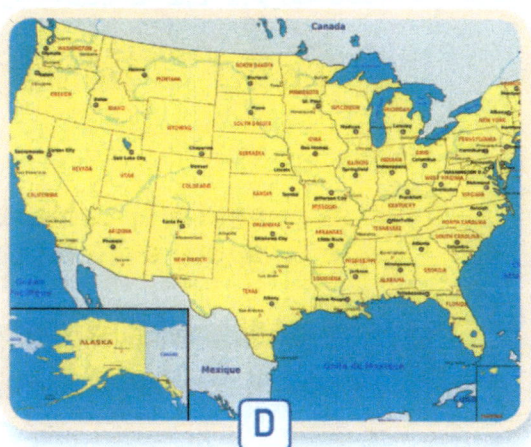
D

26 Je situe ces pays sur le planisphère.

27 Je classe les pays du plus grand au plus petit et du plus connu au moins connu.

....

....

28 Mon pays est-il plus grand ou plus petit que la France ? Plus connu ou moins connu ?

....

....

Unité 2

zoom 1

1 Je lis les devinettes, je trouve le métier et je relie au dessin correspondant.

A Il étudie les volcans. Il vérifie l'activité du volcan et signale quand il se réveille.

C'est le ➜ _ _ _ _ _ _ _ _ _ _ _ _ _ _ _ _ _ _ _ .

B Il accompagne des groupes en visite. Il connaît tous les chemins pour se promener.

C'est le ➜ _ _ _ _ _ _ _ _ _ _ _ _ _ _ _ _ _ _ _ .

2 Je complète le tableau avec des noms d'objets. Je compare avec un camarade.

DES OBJETS BRUYANTS	DES OBJETS SILENCIEUX
....	....
....	....
....	....
....	....

3 Je barre l'intrus.

A	je monterai	tu expliqueras	nous avons été	vous finirez
B	elle écrit	on sera	vous partirez	il aura
C	tu iras	je vais aller	nous observerons	vous ferez
D	nous partirons	il était	ils expliqueront	elles auront

Unité 2

4 J'écris les phrases à la forme négative.

A Il **reste** du temps + `ne ... plus`

....

B Quand le volcan est en activité, nous **montons** avec des groupes + `ne ... jamais`

....

C Parfois, les touristes **respectent** les plantes et les animaux + `ni ... ni`

....

D Quand ma combinaison est abîmée, elle **peut** me protéger de la chaleur + `ne ... plus`

....

E J'**aime** les tomates et les carottes + `ni ... ni`

....

5 J'écris des phrases en utilisant l'expression *ni... ni*.

`Tu` `aimer` `la marche` `la chaleur`

Tu n'aimes ni la marche ni la chaleur.

`Le volcan` `être` `bruyant` `en activité`

....

`Il y a` `danger` `risque`

....

`Ils` `avoir peur` `des moustiques` `des araignées`

....

Unité 2

6 J'écoute et je souligne la bonne réponse.

Marie n'est...

| ni volcanologue ni guide. | ni guide ni maîtresse. | ni maîtresse ni volcanologue. |

Elle connaît par cœur la montagne. Elle...

| ne peut pas se perdre. | se perd de temps en temps. | se perd tout le temps. |

Elle est très courageuse.

| Elle a peur de tout. | Rien ne lui fait peur. | Les touristes lui font peur. |

7 Je complète le message avec ces verbes au futur simple.

| observer | partir | expliquer | monter | accompagner | finir |

De : Mélissa
À : maman
Objet : Re : Nouvelles de La Réunion !

Coucou maman,

Nous sommes bien arrivés à La Réunion.

Les paysages sont magnifiques ! Demain, nous .... au sommet du piton de la Fournaise. C'est un volcan ! Un guide nous .... et un volcanologue nous .... comment fonctionne un volcan.

Nous .... la journée avec une biologiste.

Nous .... à la découverte de la faune et de la flore de l'île.

On .... la nature.

Bisous,

Mélissa.

Unité 2

  8 J'écoute et je corrige en réécrivant les phrases.

A L'étude des volcans est plus importante que l'étude de la biologie.

....

B On connaît moins la faune que la flore.

....

C Les éruptions volcaniques sont aussi nombreuses qu'avant.

....

D Il y a autant de volcanologues que de biologistes à La Réunion.

....

9 J'observe le tableau et j'écris des phrases.

	plus... que	moins... que	autant... que	aussi... que
Christophe – grand – Laura	X			
La Réunion – polluée – la France		X		
Le guide – connaître – forêt – volcan			X	
Les enfants – contents – le maître				X
Paris – bruyant – Saint-Paul	X			
La biologiste – connaître – faune – flore			X	

Christophe est plus grand que Laura. ....

....

....

....

soixante-trois

Unité 2

10 Je complète les phrases avec la bonne expression.

| à cause de | à cause des | grâce à la | grâce au | grâce aux |

A On respecte l'environnement .... recyclage des déchets.

B On détruit la nature .... déchets que les promeneurs jettent par terre.

C On peut mieux observer la nature .... panneaux d'information.

D On connaît bien la faune et la flore .... biologie.

E On tousse plus .... la pollution.

11 J'associe les phrases entre elles.

Si je ferme le robinet...   •   •   ... je respecterai la nature.

Si je recycle le papier...   •   •   ... j'économiserai de l'électricité.

Si j'éteins la lumière...   •   •   ... je ne polluerai pas l'environnement.

Si je jette mes déchets...   •   •   ... je protégerai la flore.

Si je ne cueille pas les fleurs...   •   •   ... j'économiserai de l'eau.

 12 J'écoute la poésie et j'entoure le son [j].

À l'arrivée du soleil,
la nature se réveille.
La gentille Camille,
se lève et s'habille,
puis la petite fille,
salue sa famille.

Elle entend une abeille,
volant près de son oreille.
Elle prend son crayon
et, sur une grande feuille,
elle dessine une chenille,
qui devient un papillon.

Unité 2

13 J'écris le texte au futur.

> Je suis biologiste. J'étudie la faune et la flore. Je protège les animaux du parc national de La Réunion. J'accompagne des touristes et nous observons la nature. Nous nous promenons dans la forêt avec un guide de montagne.

Dans quelques années, je

14 Je remets les phrases dans l'ordre.

tousse . à cause de On pollution plus ville en la

....

n'est promeneurs , rien risquent Si volcan . les ne le plus activité en

....

15 J'écoute et je colorie les mots où j'entends le son [j].

tranquille   pollution   fille
biologiste   MAILLOT   ville
feuille   papillon   crayon   RÉVEILLÉ

Unité 2

Les mots

16 J'écoute et je coche les bonnes images.

17 J'écris trois actions que je peux faire en vacances pour protéger la planète.

1 ....
2 ....
3 ....

18 Je trouve cinq mots contenant le son [j].

[j]

Unité 2

19 Je relie chaque étiquette à l'image.

un arbre   une fougère   une biologiste   un papillon   un volcan

une fleur   un hérisson   une poubelle   un oiseau

20 Je colle une photo dans chaque case et j'écris le nom correspondant aux images.

un arbre   un animal   une fleur

un insecte   un oiseau   une fougère

soixante-sept 67

Unité 2

Mes progrès en français

21 Avec un camarade, je regarde l'image et j'écris un dialogue entre les deux personnages.

Alexis : ....

Estelle : ....

Alexis : ....

Estelle : ....

22 Je complète le tableau.

	Pas du tout	Un peu	Beaucoup
Je suis capable de parler de l'avenir.	☐	☐	☐
Je sais dire ce que je dois faire.	☐	☐	☐
Je peux faire des phrases négatives.	☐	☐	☐
Je sais conjuguer au futur simple.	☐	☐	☐
Je peux utiliser les comparatifs.	☐	☐	☐
Je connais les métiers liés à l'environnement.	☐	☐	☐

23 Je dis le métier que je veux faire plus tard et je décris ce métier.

Je découvre

La diversité et la protection de l'environnement

24 J'observe.

l'ours polaire

la tortue marine

l'albatros

le tigre sibérien

25 Je dis quels sont les dangers pour ces animaux.

la chasse

la déforestation

les changements climatiques

la pollution

Unité 3

zoom 1

1 Je place les aliments dans la colonne qui correspond.

du	de la	des
	tomate	

2 Je lis les phrases et j'entoure la bonne réponse.

A Noelia n'a pas bu et il fait très chaud. Elle a → soif. / faim.

B Pour préparer cette recette, il nous faut du → farine. / lait.

C Je ne fais pas → du / de skate.

D Si tu as → faim / soif , prends un fruit !

E Je mange beaucoup → de chocolat / de la glace , j'adore ça !

Unité 3

3 Je complète les phrases.

A Elles *sont en train* de cuisiner.

B Ils .... de faire du BMX.

C Nous .... de mettre la table.

D Je .... de peindre.

E Vous .... de vous promener.

4 J'observe et je décris ce qu'ils sont en train de faire.

Les garçons sont en train de marcher.

....

....

....

5 Je complète les phrases avec les étiquettes.

aimerait   pourrais   voudrais   aimerais   pourrait

A On .... aller à la plage demain si tu veux.

B Quand je serai grande, j'.............. être médecin.

C J'ai vraiment très soif ! Tu .... me donner de l'eau, s'il te plaît ?

D Je .... aller voir ce film au cinéma. Tu veux venir avec moi ?

E Il s'entraine tous les jours parce qu'il .... devenir champion de skate.

6 Je lis les ingrédients du gâteau.

Le gâteau à la patate douce est un dessert traditionnel de La Réunion. Il est très facile à préparer. Il faut 1 kilo de patates douces, 125 grammes de beurre, 100 grammes de farine, 12 centilitres de lait, 4 œufs, 2 ou 3 cuillères à soupe de sucre, de la vanille liquide et de la cannelle en poudre. On le mange souvent pendant les goûters d'anniversaire ou pour les pique-niques.

soixante et onze 71

Unité 3

7 Je complète les recettes avec les mots suivants.

du **de la** **des** **de**

Pour préparer ce gâteau, tu as besoin de beaucoup .... patience.

Il faut 500 grammes .... farine, 3 œufs,

.... lait, ... sucre et .... vanille.

Les crêpes, c'est facile à faire. Tu mets

250 grammes .... farine, 3 œufs,

500 ml .... lait, ... beurre,

un peu .... sucre et un peu .... sel.

Dans la pizza, il y a la pâte, ... tomate et .... fromage.

Parfois, on met aussi .... viande ou .... poisson.

8 Sur Internet, je cherche la recette de mon plat préféré et je note les ingrédients nécessaires.

Unité 3

9 Je lis l'email d'un correspondant et je lui réponds pour parler de mes activités.

De : Kenji346@yahoo.fr
A : Toi
Objet : Qu'est-ce que tu aimes faire ?

Salut,
Moi, j'adore les jeux vidéos. Je joue tous les jours avec mon frère et parfois le week-end pendant plusieurs heures.
J'adore aussi le basket et les arts martiaux. J'ai des matchs de basket tous les samedis et je m'entraîne le lundi soir après le collège.
Et toi ? Qu'est-ce que tu aimes faire ?

Kenji

Re : Objet : Qu'est-ce que tu aimes faire ?
....

10 Je remets les étiquettes dans le bon ordre.

la | Elle | tous | va | les | plage | à | jours.

A ....

skatepark | souvent | Je | au | vais | le | matin.

B ....

regardons | Nous | rarement | soir. | télévision | le | la

C ....

midi | Parfois | vais | je | faire | un | dimanche. | le | pique-nique

D ....

soixante-treize 73

Unité 3

11 Je complète le tableau et j'utilise les étiquettes pour faire des phrases.

	jamais	rarement	parfois	souvent
Faire du vélo.	☐	☒	☐	☐
Regarder la télévision.	☐	☐	☐	☐
S'entraîner.	☐	☐	☐	☐
Faire du théâtre.	☐	☐	☐	☐
Danser.	☐	☐	☐	☐
Dessiner ou peindre.	☐	☐	☐	☐
Se promener dans la nature.	☐	☐	☐	☐
Faire du sport.	☐	☐	☐	☐

A. Je fais rarement du vélo.
B. ....
C. ....
D. ....
E. ....
F. ....
G. ....
H. ....

12 Je coche les affirmations qui sont vraies pour moi, puis je compare avec mes camarades.

☐ Je connais tout le monde dans mon école.
☐ Je ne fais aucun sport de combat.
☐ Je ne fais jamais de sport.
☐ Je ne regarde jamais la télévision.
☐ Je ne connais aucun film français.
☐ Je ne connais personne en France.
☐ Je ne connais personne qui fait du skate.
☐ Je ne fais jamais de pique-nique.

Unité 3

13 J'écoute et j'entoure la bonne réponse.

A Kevin a gagné le championnat du monde → hier. / aujourd'hui. / demain.

B Il s'entraîne → le week-end / souvent / tous les jours depuis deux ans.

C Il va au skatepark le → le matin. / le midi. / l'après-midi.

D Parfois / Souvent / Rarement → , il joue aux jeux-vidéos avec ses amis.

14 J'écoute et je colorie les mots où j'entends le son [wɛ̃].

Shampoing

Fin

loin

foi

parfois

soudain

coin

quoi

point

Unité 3

Les mots

15 Je complète le texte.

De : Tim
À : Toi
Objet : Les loisirs

Tous les week-ends et parfois le mercredi, les enfants français pratiquent leurs loisirs préférés. Les loisirs des garçons et des filles sont souvent différents. Mais quelles sont ces activités ? 65 % des enfants font souvent du sport : ils jouent au basket ou au football ou font de la danse. Depuis quelques années, les sports de glisse sont aussi très à la mode comme le .... ou la .... et les ....

Mais les enfants aiment aussi les activités manuelles comme la .... Parfois, malheureusement, les enfants regardent trop la .... ou jouent trop aux ....

Unité 3

Mes progrès en français

18 J'écris des phrases avec *ne... jamais, ne... aucun, ne... personne.*

A : ....

B : ....

C : ....

19 Je complète le tableau.

	Pas du tout	Un peu	Beaucoup
Je sais parler de mon quotidien.	☐	☐	☐
Je sais dire ce que je suis en train de faire.	☐	☐	☐
Je sais demander poliment.	☐	☐	☐
Je peux faire des phrases négatives.	☐	☐	☐
Je connais le nom des aliments.	☐	☐	☐

20 J'écris ce qu'il faut faire pour être un champion dans mon activité préférée.

....

....

....

78 soixante-dix-huit

Je découvre

Le pique-nique

21 J'associe les textes aux images.

 A    B    C

☐ En Egypte, la fête du printemps, s'appelle Cham el Nessim. C'est le grand pique-nique national. Les Égyptiens mangent dans tous les espaces verts du pays. On mange du poisson cru (*fessikh*) et des patisseries.

☐ En Iran, le treizième jour des fêtes du nouvel An, *Sizdah Bedar*, les familles organisent des pique-niques pour fêter le printemps. Ils préparent des plats et boivent du thé.

☐ Quand il fait beau, les Français aiment pique-niquer le dimanche dans les parcs, dans les champs, au bord des rivières en famille ou entre amis. On mange des plats froids, des quiches, des salades et de délicieux gâteaux.

22 Je décris.

Et toi, fais-tu des pique-niques ? Où ? Avec qui ? Que manges-tu pendant les pique-niques ?

....
....
....
....
....

Unité 4

1 J'écris la phrase en remplaçant les mots soulignés par une étiquette.

> beaucoup de poissons   les photos   Mélissa

A Ils sont heureux de <u>les</u> présenter.

— ....

B — Je viens de <u>la</u> voir.

— ....

C — On <u>en</u> a vu beaucoup.

— ....

2 Je légende le dessin.

> Un masque   Des palmes   Un tuba

3 Je coche la case si j'entends [ɔ̃].

1 ☐	4 ☐	7 ☐	10 ☐
2 ☐	5 ☐	8 ☐	
3 ☐	6 ☐	9 ☐	

80 quatre-vingt

4 Je sépare les mots et je copie les phrases.

....

....

 5 J'écoute et je réponds aux questions.

A Qui est Stéphane et qu'en dit l'enfant ?

- ....

B - Que pense l'enfant du spectacle qu'il voit ?

- ....

C - Que pense Daniel de ce moment ?

- ....

 6 J'écoute et je classe les mots dans le tableau.

[ɔ̃]   [ã]

Unité 4

7 Je lis et je réponds aux questions.

A On l'a suivi au milieu du corail. On a suivi qui ? ....

B Daniel a pu la caresser et jouer avec elle.

Daniel a pu caresser quoi ? ....

C Victor a voulu le photographier avec la tortue.

Victor a voulu photographier qui ? ....

D Je pouvais presque les toucher avec mes mains.

Je pouvais presque toucher quoi ? ....

8 Je remplace les étiquettes par EN ou LES.

A On a vu beaucoup **de poissons** → ....

B J'ai vu **des poissons** de toutes les couleurs. → ....

C Il y avait **des poissons** jaunes et noirs. → ....

D Je pouvais presque toucher **les poissons** avec mes mains. → ....

....

9 Je lis la carte postale de ma grand-mère et je lui réponds.

Bonjour,
J'espère que tu vas bien.
Comment se sont passées tes dernières vacances en classe de mer ? Qu'est-ce que tu as fait ? Quel est ton meilleur souvenir ?
Parle-moi de tes amis et de tes moniteurs.
Je t'embrasse,
                                    Mamie

zoom 2

Unité 4

10 J'écoute et je réponds aux questions.

A À qui Mélissa raconte-t-elle son accident ? ....
....

B À qui Sabrina a-t-elle demandé de lui apprendre à faire du roller ? ....
....

C À qui Mélissa a-t-elle voulu montrer comment faire pour tourner ?
....

11 J'entoure les mots où j'entends [ɛ̃].

le menton   la jambe   le requin   le poisson   dauphin

la main   le ventre   demain   tomber   la hanche

12 Je complète les phrases comme dans l'exemple.

se casser → C'est le jour où vous êtes allés au parc que tu *t'es cassé* la jambe ?

se passer → Qu'est-ce qui .... ?

s'occuper → Le médecin .... de ma jambe.

se faire mal → Mélissa .... à la tête et au coude.

s'amuser → On .... bien

Unité 4

 13 J'entoure deux mots avec [ɔ̃], deux mots avec [ɑ̃] et deux mots avec [ɛ̃].

De : Hugo
À : Toi
Objet : le voyage

Salut,
Au début, on a passé une super journée au parc. On a pique-niqué et puis on a fait du roller, du skate et même du BMX.
Mais Mélissa a fait du roller avec Sabrina et elle est tombée. Elle s'est cassé la jambe et s'est fait mal à la tête et au coude. La pauvre ! Pour pratiquer ces sports, il faut se protéger la tête avec un casque et les poignets, les coudes et les genoux avec des protections parce qu'on tombe souvent.
Les derniers jours du voyage, Jean-Michel lui a prêté son appareil photo. Comme ça, le lendemain, à la plage, elle a fait plein de photos.
Sur son plâtre, on lui a tous écrit des petits mots gentils.
On s'est bien amusés !

14 Je transforme les phrases comme dans l'exemple.

J'ai voulu montrer (à Sabrina) comment faire pour tourner.

➡ J'ai voulu *lui* montrer comment faire pour tourner.

J'ai demandé (à mes amies) de décorer mon plâtre.

➡ ....

Jean-Michel a prêté son appareil photo (à Mélissa).

➡ ....

On a tous écrit des petits mots gentils (à Mélissa).

➡ ....

15 J'écris 3 mots avec [ɔ̃], 3 mots avec [ɑ̃] et 3 mots avec [ɛ̃].

[ɔ̃] → ....

[ɑ̃] → ....

[ɛ̃] → ....

16 Je choisis un mot qui contient le son [ɑ̃] et un autre qui contient le [ɛ̃] et j'écris deux devinettes.

On peut le prendre pour aller sur une île. C'est le moyen de transport le plus rapide. Qu'est-ce que c'est ? L'avion.

A ....
....

B ....
....

17 Je lis le message d'un ami et je lui réponds.

> Salut, comment vas-tu ?
> Tes parents m'ont dit que tu as eu un accident de vélo !
> Raconte. Comment ça s'est passé ? Tu t'es fait mal ?
> Tu t'es cassé quelque chose ?

....
....
....

Unité 4

Les mots

18 J'associe les mots aux photos.

| un requin | une étoile de mer | un oursin |
| une tortue | un hippocampe | du corail |

....

....

19 Je cherche les mots dans la grille.

S	A	M	R	M	U	C	S	N	C	B
U	C	H	I	J	T	O	R	T	U	E
R	H	C	S	H	Z	R	R	U	N	R
H	I	P	P	O	C	A	M	P	E	T
T	Y	R	C	U	R	I	U	S	E	Q
I	C	A	J	B	A	L	E	I	N	E
S	I	F	O	R	B	P	H	F	T	I
B	T	L	E	R	E	Q	U	I	N	T

- ~~REQUIN~~
- BALEINE
- CRABE
- TORTUE
- CORAIL
- HIPPOCAMPE

Unité 4

20 Je complète la grille avec les parties du corps.

21 Je légende le pantin.

Unité 4

Mes progrès en français

 22 J'écoute et j'associe les dialogues aux photos.

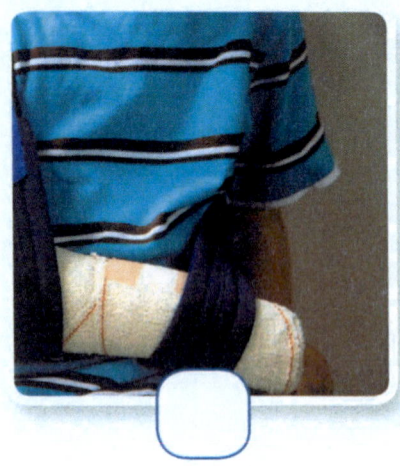  

23 Je complète le tableau.

	Pas du tout	Un peu	Beaucoup
Je sais raconter un évènement passé.	☐	☐	☐
Je peux exprimer la supériorité.	☐	☐	☐
Je distingue les sons [ɔ̃], [ã] et [ɛ̃].	☐	☐	☐
Je connais les parties du corps humain.	☐	☐	☐
Je connais le nom de quelques animaux marins.	☐	☐	☐
Je sais utiliser *en*, *lui*, *leur*, *le*, *la*, *les*.	☐	☐	☐

24 Je colle une photo de vacances et je raconte ce moment.

....
....
....
....
....

Je découvre

Les émotions

25 Je relis les expressions de la colonne A aux images de la colonne B.

A	B
Avoir le coeur gros	
Sauter de joie	
Être comme un coq en pâte	
Être aux anges	
S'en donner à coeur joie	
Voir la vie en rose	
Etre malheureux comme les pierres	
Avoir le coeur à la fête	
Faire une tête d'enterrement	

26 Dans ma langue, je dis...

Je prépare le DELF Prim A2

Je découvre l'examen.

	Épreuve	Exercices	⏱	/25
Partie 1	J'écoute	3 exercices	25 minutes	/25 points
Partie 2	Je lis	3 exercices	30 minutes	/25 points
Partie 3	J'écris	2 exercices	30 minutes	/25 points
Partie 4	Je parle	2 exercices	6 à 8 minutes	/25 points

Je comprends les consignes.

 : Je coche la bonne réponse.   : J'écris le bon numéro.

 : J'entoure la bonne réponse.   : J'écris la bonne réponse.

 : J'associe les éléments entre eux.

🔊 67 J'écoute et je choisis le bon dessin.

......4......

...Jean-Michel...

Compréhension de l'oral

⏱ 25 minutes   /25 points

DELF Prim A2

 1 Je lis les questions. J'écoute le message et je réponds aux questions.

Mélissa doit faire…
☐ son lit.   ☐ sa valise.   ☐ ses devoirs.

Où va Mélissa demain ? Écris la bonne réponse.

....

Que doit-elle prendre ? Écris 2 réponses.

....

Où Mélissa a-t-elle rendez-vous demain ?

☐   ☐   ☐

 2 Je lis les questions. J'écoute le message et je réponds aux questions.

Où est l'ancienne école de Jean-Michel ?
Écris la bonne réponse.

....

À la récré, Mélissa adore jouer… Entoure la bonne réponse.

 à la marelle.   aux billes.   à la corde à sauter.

quatre-vingt-onze

Compréhension des écrits

⏱ 30 minutes   /25 points

3 Jonas a écrit ce message sur son blog. Je lis son message et je réponds aux questions.

 **LE BLOG DE JONAS**

Salut à tous !
Je m'appelle Jonas, j'ai 10 ans et j'habite à Saint-Denis à la Réunion. Mon père travaille à la Poste et ma mère est infirmière. J'ai deux sœurs et nous avons un chien, Kaoula. À la maison, nous parlons créole et j'étudie l'anglais à l'école. J'habite dans une grande maison à côté de la plage du Boucan. Je fais de la planche à voile et j'adore marcher. Tous les ans, avec mes parents, on fait de la randonnée en forêt. Je photographie les insectes et les oiseaux. Je suis passionné de nature. Cette année, avec ma classe, on va visiter Paris. Ça va être génial !

Jonas habite... Entoure la bonne réponse.

près de la plage.   **loin de la plage.**   **en face de la plage.**

Quel sport fait Jonas ? Coche la bonne réponse.

☐   ☐   ☐

Jonas adore la nature. Entoure la bonne réponse.

vrai   **faux**

Justifie ta réponse avec une phrase du texte.

....

4 Je reçois ce message de Mélissa. Je lis le message et je réponds aux questions.

De : Mélissa
À :
Objet : Vide-grenier

Salut,
On organise un vide-grenier samedi à 11 heures. C'est sur la place du Marché. Depuis l'école, tu tournes à gauche puis tu tournes dans la première rue à droite, rue de la Liberté. Tu passes devant le cinéma et tu prends le boulevard Joffre, à droite. La place du Marché est derrière la mairie. Tu peux apporter tes anciens jouets ? On a besoin d'argent pour notre voyage à la Réunion !
Merci et bisous.
Mélissa

 Trace l'itinéraire pour aller à la place du marché depuis l'école.

 Mélissa te demande d'apporter… Entoure la bonne réponse.

des jouets.   des gâteaux.   de l'argent.

 Pour le voyage à la Réunion, Mélissa a besoin de quoi ?

....

DELF Prim A2

Production écrite

⏱ 30 minutes   /25 points

5 J'ai participé au spectacle de fin d'année de l'école. Je raconte ce que j'ai fait. Je dis ce que j'ai aimé et ce que je n'ai pas aimé. Je peux m'aider des illustrations.

....
....
....
....
....
....
....
....
....
....

6. Je reçois ce message d'un camarade de classe. Je ne peux pas aller chez lui. J'explique pourquoi et je propose un autre jour. J'écris environ 8 lignes.

De : David
À :
Objet : Exposé

Salut,
Tu veux venir à la maison mercredi à 14 h ? On va travailler l'exposé sur l'île de la Réunion.
Merci de ta réponse.
David

De :
À : David
Objet : Re : Exposé

Production orale

⏱ 6 à 8 minutes /25 /25 points

7 J'écoute et je réponds aux questions.

8 Je choisis un sujet. Je dis si je suis d'accord ou pas et j'explique pourquoi.

SUJET Nº1
À la récré, les filles jouent à l'élastique et les garçons aux billes. Qu'en penses-tu ?

SUJET Nº2
En classe, les filles sont plus bavardes que les garçons. Tu es d'accord avec ça ?

SUJET Nº3
Les enfants passent beaucoup de temps à surfer sur Internet. Et toi ?

SUJET Nº4
Les enfants préfèrent le sport aux activités culturelles. Qu'en penses-tu ?

9 Je choisis un sujet et je joue la scène avec un camarade de classe.

SUJET N°1

C'est ton premier jour de classe dans une nouvelle école. Tu te présentes à tes camarades et tu leur demandes des informations.

SUJET N°2

Tu dois faire un exposé avec un camarade. Tu lui proposes de venir travailler chez toi demain après-midi. Tu lui expliques comment faire pour venir chez toi.

SUJET N°3

Tu es à l'aéroport. Tu vas partir en voyage scolaire avec ton professeur. Tu demandes des informations sur le voyage : durée du vol, heure d'arrivée, activités sur place, etc.

SUJET N°4

Tu participes à un vide-grenier. Tu veux acheter un livre pour un ami. Tu demandes des informations sur le livre, le prix, etc.

Je fabrique

Notre présentation d'un voyage

Nous organisons un voyage avec notre classe. Pour cela, nous faisons des recherches sur le pays choisi et nous préparons une présentation interactive avec des photos.

1 Nous parlons du pays, de la nationalité des habitants et des langues qu'ils parlent.

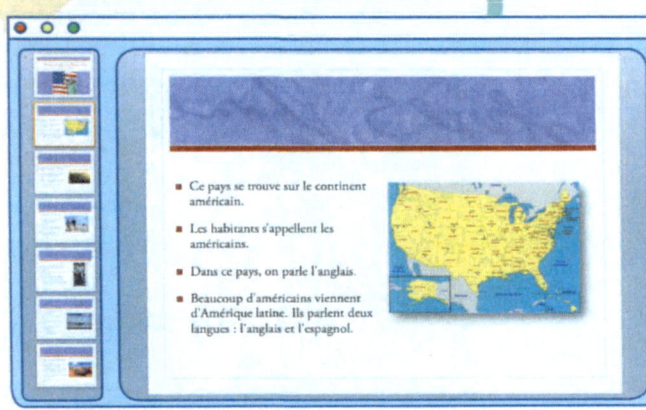

- Ce pays se trouve sur le continent américain.
- Les habitants s'appellent les américains.
- Dans ce pays, on parle l'anglais.
- Beaucoup d'américains viennent d'Amérique latine. Ils parlent deux langues : l'anglais et l'espagnol.

2 Nous décrivons le paysage, l'habitat et les habitudes des habitants.

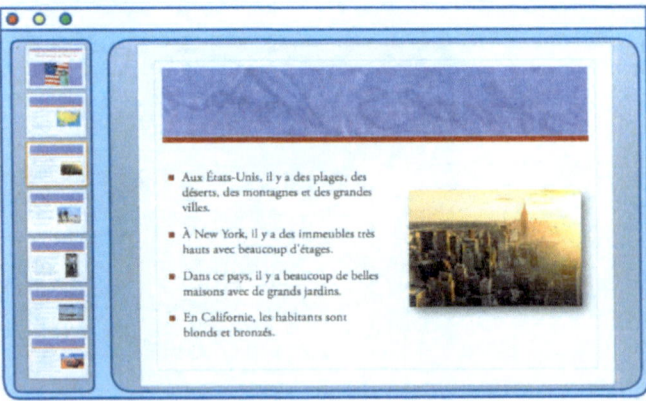

- Aux États-Unis, il y a des plages, des déserts, des montagnes et des grandes villes.
- À New York, il y a des immeubles très hauts avec beaucoup d'étages.
- Dans ce pays, il y a beaucoup de belles maisons avec de grands jardins.
- En Californie, les habitants sont blonds et bronzés.

3 Nous parlons de la monnaie et de quelques objets qu'on peut acheter dans ce pays.

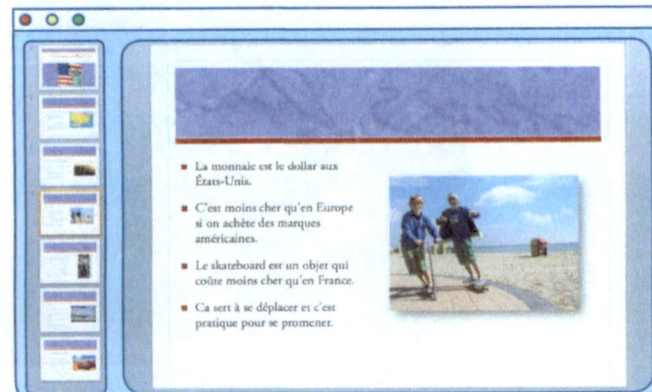

- La monnaie est le dollar aux États-Unis.
- C'est moins cher qu'en Europe si on achète des marques américaines.
- Le skateboard est un objet qui coûte moins cher qu'en France.
- Ça sert à se déplacer et c'est pratique pour se promener.

④ **Nous parlons de l'histoire du pays ou d'un personnage historique.**

⑤ **Nous donnons quelques conseils pour voyager et visiter ce pays.**

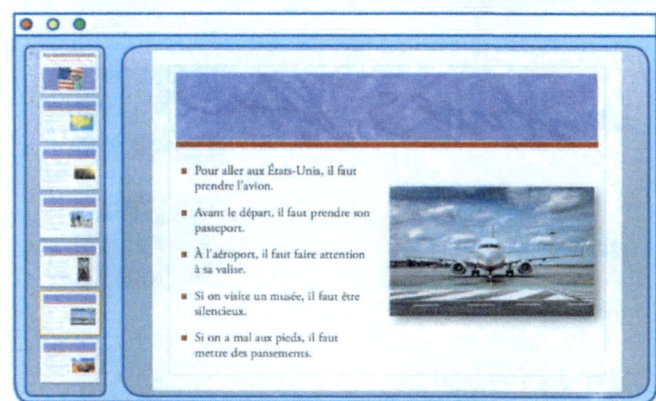

⑥ **Nous parlons d'un parc naturel de ce pays et des mesures en faveur de la protection de son environnement.**

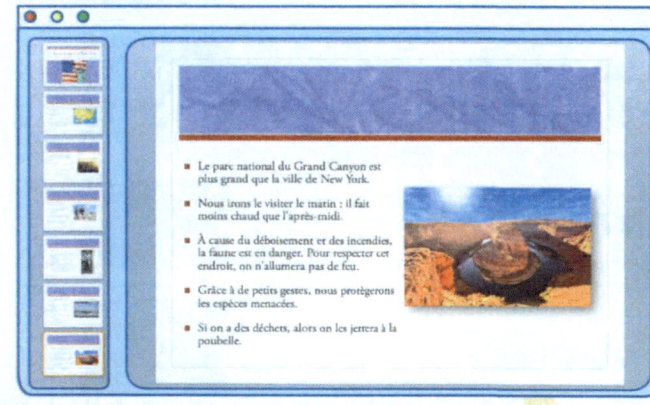

Préparez aussi la page de titre de votre présentation orale !

quatre-vingt-dix-neuf 99

Glossaire

Unité 1 : Le départ

un autocar		de la lotion anti-moustiques	
un avion		des médicaments	
un bateau		des pansements	
un train		du sirop	
un aéroport		un thermomètre	
un arrêt d'autobus		une trousse à pharmacie	
une gare		l'atterrissage	
un port		le décollage	
un parc de stationnement		aller chercher ses bagages	
une station de métro		attacher sa ceinture	
de la crème solaire		éteindre son téléphone	
du désinfectant		ne pas écouter de musique	
des gants en latex		ne pas faire de photos	

100 cent

Glossaire

Unité 2 : Au parc naturel

une biologiste		un arbre	
un guide de montagne		une branche	
un moniteur		un caméléon	
un randonneur		une cascade	
un volcanologue avec son casque		une fougère	
un seau		un hérisson	
la faune		un lézard	
la flore		un oiseau	
bruyant(e)		un panneau d'information	
calme		un papillon	
pollué(e)		une plante	
respectueux, respectueuse		le sommet du volcan	
des acccesoires de randonnée		un chapeau / une casquette, des chaussures de marche, une gourde, un sac à dos, une carte, une boussole, un bâton	

cent un 101

Glossaire

Unité 3 : Le pique-nique

de la vanille		un BMX	
une patate douce		un skate	
du lait		des rollers	
des oeufs		un surf	
de la cannelle		la nuit	
du riz		le matin	
du fromage		midi	
un poulet		l'après-midi	
une purée		le soir	
des champignons		minuit	
une pizza		hier	
des pâtes		aujourd'hui	
une trottinette		demain	

Glossaire

Unité 4 : L'expo

des palmes		un plâtre	
un masque		une béquille	
un tuba		une affiche	
un hippocampe		le cou	
une étoile de mer		l'épaule	
une tortue		le bras	
une baleine		le coude	
un requin		le poignet	
un poisson-clown		la main	
du corail		le doigt	
un crabe		la hanche	
un casque		la cheville	
une protection		le pied	

cent trois 103

Auteurs
Gwendoline Le Ray, Jean-François Moulière, Claire Quesney, José Ségura, Manuela Ferreira Pinto

Auteure DELF
Cécile Canon

Conseil pédagogique et éditorial
Katia Coppola, Philippe Liria, Lourdes Muñiz

Révision pédagogique
Philippe Liria

Coordination éditoriale et rédaction
Lourdes Muñiz, Mateo Caballero

Rédaction
Sarah Parot

Correction
Sarah Billecocq, Isabelle Meslin

Illustrations
Marie-Laure Béchet, Mangas Verdes, Laurianne López

Reportage photographique
García Ortega

Conception graphique, mise en page et couverture
Mangas Verdes, Laurianne López, Luis Luján, Aleix Tormo

Enregistrements
Coordination : Lourdes Muñiz, Mateo Caballero

Musique
Pol Wagner

Chanteuse
Cécilia Debergh

Locuteurs
Carla Addi, Noa Addi, Teo Aubin, Diego Bilsky, Hugo Collado, Lena Collado, Paola Collado, Katia Coppola, Isabelle Dejean, Eulogio Fernández, Anton Fernández Dejean, Loris Fernández Dejean, Dominique Gravier, Tom Normand Gravier, Pau Ridameya Jan, Victoria Ridameya Jan, Eva et Laura Nebbia Badoud.

Couverture : Marie-Laure Béchet ; **Deuxième de couverture** : Pixel & Création/Fotolia.com ; **Troisième de couverture** : Friedberg/Fotolia.com ;
Livre : **Unité 1** Alain Wacquier/Fotolia.com, T. Michel/Fotolia.com, andròmina/Fotolia.com, teracreonte/Fotolia.com, Brad Pict/Fotolia.com, jeremie78/Fotolia.com, georgerudy/Fotolia.com, nikesidoroff/Fotolia.com, Stockerteam/Fotolia.com, scphoto48/Fotolia.com, jpmora/Fotolia.com, red2000/Fotolia.com, García Ortega, García Ortega, Laurianne López, Koba-chan/Wikimedia Commons, ilynx_v/Fotolia.com, Sting/Wikimedia Commons ; **Unité 2** rcaucino/Fotolia.com, ChantalS/Fotolia.com, LR Photographies/Fotolia.com, García Ortega, Taiga/Fotolia.com, Jessmine/Fotolia.com, skampixel/Fotolia.com, Paty Wingrove/Fotolia.com, alexfiodorov/Fotolia.com, García Ortega, Laurianne López, nasko/Fotolia.com, axily/Fotolia.com, Cmon/Fotolia.com, Aleš Nowák/Fotolia.com, spitcast/Fotolia.com, alessandrozocc/Fotolia.com, Kletr/Fotolia.com ; **Unité 3** Chaoborus/Wikipedia.com, Barbara Johnson/Fotolia.com, Bernard BAILLY/Fotolia.com, mates/Fotolia.com, bajinda/Fotolia.com, bajinda/Fotolia.com, Scisetti Alfio/Fotolia.com, Kolotype/Dreamstime.com, Freeskyline/Dreamstime.com, ChantalS/Fotolia.com, Netfalls/Fotolia.com, starkovphoto/Fotolia.com, Jean-Michel LECLERCQ/Fotolia.com, rh2010/Fotolia.com, dibas99/Fotolia.com, sylv1rob1/Fotolia.com, Christophe Fouquin/Fotolia.com, Daniel Garcia/Dreamstime.com, Eléonore H/Fotolia.com, Laurianne Lopez/, gpointstudio/Fotolia.com, tobago77/Fotolia.com, n3d-artphoto.com/Fotolia.com, Christophe Fouquin/Fotolia.com, Alexis LESAFFRE/Fotolia.com, Nitr/Fotolia.com ; **Unité 4** yossarian6/Fotolia.com, 3dmavr/Fotolia.com, ondreicka/Fotolia.com, Mariusz Blach/Fotolia.com, Jag_cz/Fotolia.com, lancesagar/Fotolia.com, Catmando/Fotolia.com, Andrea Izzotti/Fotolia.com, mikhailg/Fotolia.com, cbpix/Fotolia.com, Andrey Kryuchkov/Dreamstime.com, Rosshelen /Dreamstime.com, Picture-Factory/Fotolia.com, Rafael Ben-Ari/Fotolia.com, Sabphoto/Dreamstime.com, ondreicka/Fotolia.com, Pakhnyushchyy/Fotolia.com, lancesagar/Fotolia.com, fox17/Fotolia.com, Mateo Caballero, Laurianne Lopez, Alexvirlan /Dreamstime.com ; **Cahier** : **Unité 1** Brad Pict/Fotolia.com, andròmina/Fotolia.com, teracreonte/Fotolia.com, T. Michel/Fotolia.com, jeremie78/Fotolia.com, Gabriele Maltinti/Fotolia.com, jpmora/Fotolia.com, philippe Devanne/Fotolia.com, apops/Fotolia.com, dibas99/Fotolia.com, vectomart/Fotolia.com, jpmora/Fotolia.com, Stockerteam/Fotolia.com, red2000/Fotolia.com, Tjommy/Fotolia.com, Aygul Bulté/Fotolia.com, Dimitri Surkov/Fotolia.com, Taina Sohlman/Fotolia.com, HappyAlex/Fotolia.com, dade72/Fotolia.com, 06photo/Fotolia.com, Floki Fotos/Fotolia.com, artalis/Fotolia.com, pavalena/Fotolia.com, Floki Fotos/Fotolia.com ; **Unité 2** alexfiodorov/Fotolia.com, Ziablik/Fotolia.com, Vladimir Melnik/Fotolia.com, doethion/Fotolia.com, BernardBreton/Fotolia.com, Angelika Bentin/Fotolia.com, schlag/Fotolia.com, ondrej83/Fotolia.com, honzakrej/Fotolia.com, sablin/Fotolia.com ; **Unité 3** Barbara Johnson/Fotolia.com, alexlmx/Fotolia.com, Simon Coste/Fotolia.com, monticellllo/Fotolia.com, Frog 974/Fotolia.com, Cobalt/Fotolia.com, alain wacquier/Fotolia.com, Brad Pict/Fotolia.com, meirion/Fotolia.com, jlkalist/Fotolia.com, jlkalist/Fotolia.com, Bernard BAILLY/Fotolia.com, Scisetti Alfio/Fotolia.com, sylv1rob1/Fotolia.com, Andrey Arkusha /Dreamstime.com, ChantalS/Fotolia.com, Cairocamels/Wikipedia.com, PersianDutchNetwork/Wikipedia.com, Jean-Pierre/flickR.com ; **Grand projet final** García Ortega, Sarah Parot, Delphimages/Fotolia.com, Floki Fotos/Fotolia.com, Beboy/Fotolia.com, caruso13/Fotolia.com, Sarah Parot, Wolfgang Cibura/Fotolia.com, Petair/Fotolia.com, surangaw/Fotolia.com, García Ortega, Delphimages/Fotolia.com ; **Unité 4** Blue Ring Media Pty Ltd /Dreamstime.com, ondreicka/Fotolia.com, Laure F/Fotolia.com, Mariusz Blach/Fotolia.com, fox17/Fotolia.com, Andrea Izzotti/Fotolia.com, lancesagar/Fotolia.com, Thibault Renard/Fotolia.com, Fphilipp/Dreamstime.com, Lim Seng Kui /Dreamstime.com, Hongqi Zhang (aka Michael Zhang)/Dreamstime.com ; **Préparation au DELF Prim A2** Rostislav Ageev/Fotolia.com, dima266f/Fotolia.com, Chatchai/Fotolia.com, **Glossaire illustré** th-photo/Fotolia.com, peshkova/Fotolia.com, Masyanya/Fotolia.com, Aygul Bulté/Fotolia.com, Taina Sohlman/Fotolia.com, louisjoseph/Fotolia.com, Dimitri Surkov/Fotolia.com, 06photo/Fotolia.com, dade72/Fotolia.com, Anne DEL SOCORRO/IStockPhoto.com, jpmora/Fotolia.com, scphoto48/Fotolia.com, WimL/Fotolia.com, jeremie78/Fotolia.com, Tjommy/Fotolia.com, Stockerteam/Fotolia.com, vectomart/Fotolia.com, red2000/Fotolia.com, dibas99/Fotolia.com, teracreonte/Fotolia.com, andròmina/Fotolia.com, teracreonte/Fotolia.com, Brad Pict/Fotolia.com, T. Michel/Fotolia.com, skampixel/Fotolia.com, Jessmine/Fotolia.com, Taiga/Fotolia.com, Paty Wingrove/Fotolia.com, Scisetti Alfio/Fotolia.com, mates/Fotolia.com, bajinda/Fotolia.com, bajinda/Fotolia.com, Bernard BAILLY/Fotolia.com, Richard Villalon/Fotolia.com, Laure F/Fotolia.com, Dani Vincek/Fotolia.com, Alexandra/Fotolia.com, Sailorr/Fotolia.com, Viktor/Fotolia.com, alain wacquier/Fotolia.com, cherezoff/Fotolia.com, alexlmx/Fotolia.com, Andrey Arkusha /Fotolia.com, Sky Masterson/Fotolia.com, pioneer111/Fotolia.com, 3dmavr/Fotolia.com, yossarian6/Fotolia.com, ondreicka/Fotolia.com, Mariusz Blach/Fotolia.com, lancesagar/Fotolia.com, Catmando/Fotolia.com, Andrea Izzotti/Fotolia.com, cbpix/Fotolia.com, fox17/Fotolia.com, Pakhnyushchyy/Fotolia.com, Andrey Kryuchkov/Dreamstime.com, Rosshelen /Dreamstime.com.

N.B : Toutes les photographies provenant de www.flickr.com sont soumises à une licence Creative Commons (Paternité 2.0 et 3.0).

Toutes les ressources sonores provenant de www.freesound.org, www.forvo.com, www.universal-soundbank.com et www.sound-fishing.net, sont soumises à une licence de Creative Commons sampling plus 1.0.
Tous les textes et documents de cet ouvrage ont fait l'objet d'une autorisation préalable de reproduction. Malgré nos efforts, il nous a été impossible de trouver tous les ayants droit de certaines oeuvres. Leurs droits sont réservés à Difusión, S. L. Nous vous remercions de bien vouloir nous signaler toute erreur ou omission ; nous y remédierions dans la prochaine édition. Les sites Internet référencés peuvent avoir fait l'objet de changement. Notre maison d'édition décline toute responsabilité concernant d'éventuels changements. En aucun cas, nous ne pourrons être tenus pour responsables des contenus de liens vers des tiers à partir des sites indiqués. Toute reproduction d'un extrait quelconque de ce livre, par quelque procédé que ce soit, et notamment par photocopie ou microfilm, est strictement interdite.

© Difusión, Centre de Recherche et de Publications de Langues, S.L. 2015

ISBN édition internationale : 978-84-16273-82-9
ISBN édition Institut Français Tunisie : 978-84-17260-47-7
Réimpression : juillet 2022
Imprimé dans l'UE

www.emdl.fr/fle

MIXTE
Papier | Pour une gestion forestière responsable
FSC® C159131

DANGER
LE PHOTOCOPILLAGE TUE LE LIVRE